Πατρίδα των καιρών

© 2010 Γιώργος Δουατζής, Εκδόσεις Καπόν

ISBN 978-960-6878-41-4

ΕΚΔΟΣΕΙΣ ΚΑΠΟΝ
Μακρυγιάννη 23-27, 117 42, Αθήνα
τηλ. fax 0030 210 9235098, 0030 210 9214089
e-mail: kapon_ed@otenet.gr   www.kaponeditions.gr

Γιώργος Δουατζής

Πατρίδα
των καιρών

ΕΚΔΟΣΕΙΣ ΚΑΠΟΝ

1.

«Ξέρεις ποιος είμαι εγώ;»
ρώτησε
«Ξέρω, είσαι ένα από τα επτά δισεκατομμύρια
δίποδα του πλανήτη»
αποκρίθηκε

κι ακούστηκε συριγμός μέγας
εγκατάλειψης χιλιάδων μπαλονιών
ξέπνοων μετά την παιδική γιορτή
μέσα σε θορύβους ματαιότητας κι ευχών

Έσκαγαν με ήχους
λοιδορίας αποκρουστικούς
κομμάτια υπερφίαλων εγωισμών
επιταγές κάλπικων ευτυχιών
μετοχές ματαιωμένης χαράς
ομόλογα ανθρώπινων δραμάτων
δίψες και μάσκες δεκαετιών
τόσα έσκαγαν
λες και ξερνούσε όλη τη σήψη του κόσμου
γίγαντας αποκοτιάς νεοφανής
και στιγμές σκοτείνιαζε
ο ήλιος, το φως, η ανάσα
η ελπίδα για το αυριανό χάραμα
σκοτείνιαζαν

2.

Τότε ήρθε εκείνη η μεγάλη ώρα
που οι αιώνες περνούνε βιαστικοί
αδιάφοροι για είδη, πρόσωπα, συναλλαγές
και σημαδεύουνε την ιστορία
της πατρίδας των καιρών
και είπα
τώρα η ανάγκη να υπηρετήσω
τα πάλλευκα χαρτιά
που μου εμπιστεύτηκαν οι πρόγονοι

– ας μη σου ιστορώ γιατί
θα χρειαστούν αιώνες –

και συνέχισα τη μοναχική πορεία
που άρχισα έφηβος συνομιλώντας
με το φεγγάρι και το ελπιδοφόρο φως του
στο νησί της Κυκλαδικής μου μόνωσης
με τραγούδια σε ηχεία απόκοσμα
για την παγκόσμια πατρίδα των καιρών

3.

Βέβαια, γνωρίζω πια καλά

ότι το ανάστημά σου μεγαλώνει Ποίηση
όσο η κοινωνία βυθίζεται στην αποσύνθεση
την αβεβαιότητα, την απειλή
και το μεγάλο φόβο

κι οι άνθρωποι σε έχουνε όσο ποτέ ανάγκη
προσηλωμένοι στη μεγάλη έξοδο
γατζωμένοι στους ήχους σου
σφουγγάρια που διψούν
ως και για το μικρότερο, το ζωογόνο
των κυττάρων σου

4.

Α, πόσα ποιήματα χρειάζονται
για να στεγάσω τους αδύναμους

πόσα παραμύθια για να διώξω
θεριά και δράκοντες αληθινούς

πόσες αλήθειες για να αφανίσω
ηγέτες κάλπικους απατηλούς

πόσο κουράγιο για να σηκώσω
το βάρος μιας σε βάθος αυτοκριτικής

πόσος πόνος για να κοιτάξουμε
μαζί κατάματα το φως

5.

Τι να τραγουδήσω, τι
αναρωτήθηκα
ώρα δύο με φεγγάρι ολόγιομο
απλώθηκαν τα χέρια σε αγκαλιά
στάζουν αρώματα τα ασπρόρουχα της γης

Τι να τραγουδήσω, τι
δεν είναι μάταιη
η επανάληψη μιας ανατροπής
ζωογόνας ανά τους αιώνες·
φαντάζει σκοτεινή
μα κρύβει φως ζωής στα σπλάχνα

Τι να τραγουδήσω, τι
εκείνοι δεν ακούν
παρά σκιές του παρελθόντος·
μονώθηκαν από καιρό
και το τραγούδι μου θα ζει
όσο υπάρχουν αποδέκτες

6.

Ποιος να ακούσει ποιος
φοβισμένοι κι απειλούμενοι
κλείσαν ερμητικά την πόρτα
δεν είδαν άνεμους σωτήριους
να διώχνουν μακριά τη σκόνη
ειδώλων θρυμματισμένων χτεσινών·
απομεινάρια λύπης σκοτεινά φεύγουν
ανοίγουν δρόμο στην ελπίδα
αλλά με τόσο φόβο
ποιος να ακούσει ποιος

7.

Με τους αιώνες να περνάνε βιαστικοί
ήρθε λοιπόν τούτη η μεγάλη ώρα
να μιλήσουμε θρυμματίζοντας
τα κελύφη της εσωστρέφειας
που αφάνισε συλλογικά αιτούμενα
έφερε δάκρυα στα μάτια
των παιδιών και των αθώων
κι ευδαιμονία πλαστική
σκιά βαριά
στα δίκια των ανθρώπων

8.

Με πόσα κέρματα μετριέται η ψυχή σου
η ανάσα σου, η υποτέλεια
με πόσα αλήθεια κέρματα μετριέται;

Η αξία τους ίδια σούρουπο
χάραμα και νύχτα;

Η ψυχή, η ανάσα σου, με πόσα;

Νυχτώνει, σκότος βαθύ
στον ορίζοντα
στις ψυχές
στα τραγούδια
σκότος αδιαπέραστο βαθύ

9.

Πώς σε κατάντησαν πατρίδα οι δημοκόποι
πώς...
με περιούσιο λαό χωρίς περιουσία
σε εξαπάτησαν με ψεύτικα φτιασίδια
σε κλείσανε στα τείχη τους
σε αλωνίζουν οι προστάτες
κι έγινες η περήφανη εσύ
τώρα ζητιάνα των βαρβάρων
που της στερήσανε το φως
για να εισπράξουμε έστω αργά
πως δεν υπάρχει πιο μεγάλη ενοχή
από την ανοχή μας

Α, οι δημοκόποι
πατρίδα πώς...

10.

Νόμισες δεν είναι πόλεμος
γιατί δεν είδες αίματα και τραυματίες
όμως είδες εκείνους τους νεκρούς
σκυμμένους σε κάδους σκουπιδιών
καταμεσήμερο στο κέντρο της πρωτεύουσας
ικέτες στα απορρίμματα μεγακαταστημάτων
τους πεινασμένους, τους εξάγγελους
νεκρούς να επαιτούν
τους είδες

Πόλεμος σου λέω, πόλεμος
χωρίς πυρομαχικά κι ομοβροντίες
στρατηγοί, τα γκρίζα κοστούμια
και τα κολλαριστά πουκάμισα
όπλα βαριά, οι νέας γενιάς υπολογιστές
εξουσιάζοντες οι άθλιοι ευρωκυνηγοί
κινούν τα νήματα παράστασης σκιών

– έχουν σκιά οι νεκροί; θα πεις –

για ποια κοινωνία να μιλήσουμε
για ποια παράσταση
εδώ υπάρχει πόλεμος
σκοτώνει ελπίδες, αύριο, οράματα
κι ακόμα δεν τον βλέπεις

11.

Πόλεμος σου λέω
βυθίζει τις ψυχές
μολύνει το μυαλό
σκοτώνει μέλλον και ελπίδα
τα παιδιά δεν είναι ζωντανά
μη σε γελάει που περπατούν

Πόλεμος
η εστία μου πουλήθηκε
τα χέρια σου πουλήθηκαν
τα όνειρα πουλήθηκαν
φωνή, στόμα πουλήθηκαν
το είναι μας πουλήθηκε δεν θα το βρεις

κι αντάμα παρελθόν, παρόν
μέλλον κι οράματα
όλα πουλήθηκαν
γιατί είναι πόλεμος
μην τα αναζητήσεις

μόνο τη δίψα της κατάκτησης θα βρεις
αυτή δεν θα χαθεί ούτε με τη ζωή τους

12.

Πόσοι
σκοτωμένοι βαδίζουν στους δρόμους
πόσοι να ήξερες
άβουλοι, ρομπότ, νεκροί
μες τα πανάκριβα κοστούμια

δεκαετίες τα κουτιά της αποχαύνωσης
έφεραν υπαρξιακές μονώσεις
έγιναν όλα κύκλοι γκρι
γύρω μάτια οθόνες παγωμένες
χέρια τυφλού ζητούν προορισμό
κάννες βενζιναντλίας στον κρόταφο
και φερμουάρ πασίκλειστα στο στόμα

Αναρωτιέμαι ακόμα δυστυχής
πότε θα γίνει επανάσταση
για τούτη την αόρατη μεγάλη φυλακή
την αφανή ασφυκτική δικτατορία

13.

Στους καναπέδες κοφτερά μαχαίρια
τεμαχίζουν μυαλό, σκέψη και κρίση
γυάλινες επιφάνειες στέλνουν ριπές
εναλλασσόμενου φωτός
ο εγκέφαλος μαλάσσεται μεθοδικά
από μεταλλικές χούφτες
κι οι παρωπίδες υπάρχουσες
και αφανείς

Τρέμω τα κοφτερά μαχαίρια
τις λεπίδες τρέμω
αυτές που νιώθω την πληγή
πολύ μετά, αφού με κόψουν
και γέρνω αβοήθητος
μέσα σε λίμνες αίματος
αδύναμος, κυρίως μόνος

14.

Κύριε, κύριε
επιτρέπεται να πάθω κρίση πανικού
σκεπτόμενος μαχαίρι λεπιδάτο;

Α, μπορώ;
Σας ευχαριστώ πολύ κύριε
χρησιμότατη η πληροφορία

Κύριε, κύριε
όταν έχουμε όλοι κρίση πανικού
υπάρχει κρίση;

Α, δεν γνωρίζετε, είστε και σεις σε κρίση;
Σας ευχαριστώ πολύ κύριε
άχρηστη η πληροφορία

Κύριε, κυ...

15.

Τούτος ο κόσμος με πνίγει
αυτός που έρχεται με σκοτώνει
μη σας γελάει η ραγισμένη μου φωνή
ίσως να μην υπάρχω

Μιχαήλ Αγγέλου χέρια
απλωμένα χωρίς αφή
τα όνειρά μας

Τόσοι τόσο μακριά
πού και πώς
να φτάσει ο ένας τον άλλο
πώς και πού;

Δεν παίρνω απάντηση δεν
Έγινε η περηφάνια υποταγή
και στρέφομαι στο περιθώριο
να βρω ισόβια αποστάτες
θέλω να δουν πως είναι πόλεμος
αυτό που πολεμούσαν να μη γίνει

Πόσο κοντά σας είμαι πλάνητες
πόσο δικός σας, λέω

16.

Οι ήχοι είναι πυρκαγιάς μέσα σε μαύρες νύχτες
υποταχθήκαμε σε κάρτες πλαστικές
δεν ακούσαμε τα απειλητικά σημάδια
που έστελναν απεγνωσμένα οι σοφοί
δεκαετίες έγνεφαν με τρόπους χίλιους
τώρα τους σκέπασε σιωπή
μη όντες χρήσιμοι χαθήκαν ως νεκροί

Χάθηκε η ακοή μας; Η φωνή τους;
Και τα δυό;

Παγώσαμε αισθήσεις και αισθήματα
αλληλεγγύη και κοινές επιδιώξεις
γίναμε εύθραυστη σκιά του εαυτού
μόνοι, ευάλωτοι και δυστυχείς
περίκλειστοι σε αστραφτερά οχήματα
σαν χάντρες, καθρεφτάκια των ιθαγενών
χάσαμε ανατολή και σούρουπα
ορίζοντες κι ελπίδες

17.

Τα μαζικά εγκλήματα δεν είναι φόνοι
αλλά απώλειες του εχθρού, είπε

Πόσο πιο κτήνος να γίνει ο άνθρωπος
πόσο πιο κτήνος πια
- αλλά τι λέω τώρα -
δεν γνώρισα κανένα ζώο στον πλανήτη
όπως αυτό που λέγεται άνθρωπος
να σχεδιάζει μαζικό αφανισμό ομοειδών
να χτίζει την καταστροφή του
να υπονομεύει τη φύση - σπίτι του
αχάριστος, παμφάγος, τερατώδης
ελλόγως έρπων και δικαιολογών...

18.

Απεκδύθηκε ανθρωπισμού η ανθρωπότητα
την έπνιξε θάλασσα γκρίζα
μονοδιάστατων κερδοποιών διπόδων
βυσσινί στον ορίζοντα
κι αυτοί μιλούν για επενδύσεις
τρέχουν τα τρωκτικά σε παραζάλη
υπέρβαρα, κέρματα φορτωμένα

Κι έρχεται κείνη η ώρα του κενού
όπου δεν έχεις τίποτα να πεις
κυρίως να σκεφτείς

Τρέμω για μένα και γι αυτούς
φοβάμαι και λυπάμαι

Και ξαφνικά οι ποιητές έπαψαν
να είναι άλλοθι βαρβάρων

19.

«Σκοτώστε τον κόσμο που έρχεται» φώναξε
και η θηλιά στο λαιμό έκλεισε το οξυγόνο

Μοναδική βεβαιότητα
η συνεχής αβεβαιότητα
παρόντων και επερχομένων

Πόσες φορές μπορείς να ανάψεις
το ίδιο κάρβουνο στην ιστορία
όταν στους λαούς
δεν μπορεί να διδαχτεί
η αξιοπρέπεια
αλλά απλά συμβαίνει
όπως μια σχέση ανθρώπινη
ή ένα σπουδαίο ποίημα

Εκείνοι σου μιλούν με σιγουριά
για μνήμες γονιδιακές
τι να σβήσεις, πώς...

20.

Πόσοι είναι οι φίλοι
οι γνωστοί πόσοι

Ποτέ δεν μετρηθήκαμε
είμαστε απασχολημένοι
κρίνοντας τους άλλους
για να νιώσουμε ισχυρότεροι

Και πες μου
θέλω να μάθω την αλήθεια
πόσα χρόνια μετά, τι;

Θα μάθω κάποτε
αν είναι πολύ αργά;

Τελικά ήταν σωτήριοι
τόσοι πολλοί μικροί θάνατοι;

21.

Γιατί δεν κάνεις κάτι;
Πώς δεν κάνω. Περιμένω.

Θέλω
να παραβγώ
με το αετίσιο βλέμμα
που ξεπερνάει τους ανθρώπους

να φύγω
πέρα από τις γραμμές των οριζόντων

να φωνάξω
για τη ζωοδότρα πλανητική πατρίδα

να διηγηθώ
στιγμές διάλυσης
θρύλων ολόκληρης ζωής
δοξασιών και εύθραυστων μύθων

να τραβήξω
την πορφυρή κουρτίνα
να μπει άπλετο φως χαράς
στα μάτια των ανθρώπων

22.

Και ήρθε εκ βαθέων η φωνή

Γιατί να σε ξυπνήσω
όσο μένεις υπήκοος
δεν γίνεσαι πολίτης

Γιατί να σε αφυπνίσω
αν μπορούσες τα λόγια μου
θα ήταν κτήμα σου από καιρό

Γιατί να σε αναστήσω
αφού δεν σκέφτηκες
πόσες παραιτήσεις άδηλες
υπονόμευσαν το μέλλον σου
σε πήγαν ένθα ου ζωή

Γιατί να σου εξηγήσω
πόσο γρήγορα γίνεται παρόν το μέλλον
πόσο αδύνατο να δεις αστέρια
με το κεφάλι υποταγμένο και σκυφτό

23.

Αν ξαναβρεθούμε στα αλώνια
θα είμαστε λιγότεροι από λίγοι

ως κι οι ποιητές, οι μουσικοί, τα χρώματα
χάθηκαν με τόση ερημία

«δεν πάει άλλο» είπε, για να το ξαναπεί
κι αναρωτήθηκε ξανά, πώς γίνεται
και είναι πάντα νωρίς για κείνη την επανάσταση
όταν αυτόχειρες ερήμην
σκοτώνουν φύση και ανθρώπους
και τα τραγούδια τώρα απαιτούν
υπέρτατη σιωπή

Δεν μπόρεσαν να δουν έτσι σκυφτοί
πως οι γροθιές του σήμερα
έχουν τη δική τους παγκοσμιότητα
κι ο θάλαμος ασφυκτικός
αληθοσφαίρια γεμάτος

24.

Όταν η δικαιοσύνη δεν έχει ήλιο, ούτε νοητό
όταν όλα μακριά από αλληλεγγύη και αγάπη

σε ποιο λαό να μιλήσεις
ποια απειλή και φόβο να αφανίσεις
ποια καχυποψία να ξεριζώσεις
ποιες καταβολές να αγνοήσεις
ποια βλέμματα θολά να καθαρίσεις

για να ακουστεί λόγος στέρεος
της σιγουριάς, της αλήθειας
κυρίως της ελπίδας

25.

Εντάξει, με απειλή
και φόβο κυβερνήσατε
με εργαλεία συμπεριφορών ατομικών
χειραγωγήσατε τη μάζα

αλλά πώς καταφέρατε άθλιοι
να φοβηθούμε τον ανύπαρκτο ίσκιο μας
ετεροκινούμενοι και συγχρόνως μακάριοι
σε αυτήν την χωρίς τοίχους φυλακή

Γίναμε ξενιτεμένοι και ξενόφοβοι
στην ίδια την πατρίδα μας

Ποιος χρόνος τίνος μετράει ποιος;

26.

Πλήθος τα εξαπτέρυγα
και ήρθε το σκοτάδι
μια μάσκα λύπης ολόκληρη η πατρίδα

ο στροβιλισμός στο κενό
μεταξύ εγώ και εαυτού
μας έκανε να ξεχαστούμε, να ξεχάσουμε

και φτιάξαμε κατασκευές
να κρύψουμε τις αυταπάτες
ένδεοι
όπως αποστρέφονται τις απορρίψεις
άντρες μεγαλόσχημοι
και τον καθρέφτη τους
οι γερασμένες ντίβες

27.

Α, πόσο θα ομόρφαινε ο κόσμος

χωρίς θεόσταλτους κι εντεταλμένους
ευήθεις καταναλωτές
αυτέγκλειστους και δειλούς
αναχωρητές τσιμέντου κι αυταπάτης
εκπρόσωπους και ανθ' ημών
υποσχόμενους και αφελείς
μακάριους

Α, πόσο θα ομόρφαινε χωρίς

28.

Όσες φορές και να πενθήσεις την απώλεια
πάντα θα είναι η πρώτη σου φορά
η συλλογική δυστυχία
δεν έχει διαστάσεις
η ατομική δεν έχει μεγαλύτερό της

Δεν μπορούσες ποτέ να φανταστείς
πόσο εύκολο να είσαι δυστυχής
πως δεν υπάρχει τόπος πια
ούτε για να βρεθείς εκτός

Ποιος σου είπε ποιος
ότι τα άστρα κοιτάζουν μόνο χαμηλά

συνωστισμός σου λέω μέγας
πού να σταθείς και πώς στο πουθενά

29.

Όλο και πιο απών
γνέφω στο μηδέν, αντικρίζω το άπειρο

μικρόψυχο να ζω λεπτό το λεπτό
προσδοκώντας
μόνο στην επόμενη στιγμή
επιβίωσης κι όχι ζωής

και ως απών
για ποιο μικρόψυχο μιλώ
και ποια επόμενη στιγμή...

γνέφω στο άπειρο, αντικρίζω το μηδέν
κελεύσματα σε ίχνη παρουσίας

30.

Μα και τα όνειρα αιμόφυρτα;

Και βέβαια επιτρέπεται να ονειρεύεσαι
ποιος είπε πως δεν έχεις το δικαίωμα
αρκεί να μη σηκωθείς
από της αδράνειας το καθιστικό

Και βέβαια μπορείς να ονειρεύεσαι
για δικαιώματα κι ανθρώπους
για διαρκή επανάσταση
πέραν -ισμών της χειραγώγησης
πάντα βέβαια για το καλό του λαού
φτάνει να το ορίζουν σάπιοι ηγετίσκοι

Τόσο αιμόφυρτα τα όνειρα λοιπόν;

31.

Κι έπειτα,
δεν μάχεσαι για έναν τέτοιο κόσμο

δεν ανάλωσες τη ζωή σου, τα μερόνυχτα
το μυαλό, την αξιοσύνη, τη νεότητα
τα πολυτιμότερα χρόνια, τους αγώνες
συλλογικούς και προσωπικούς κυρίως

για αυτόν τον στείρο, άθλιο κόσμο
που αποδέχτηκε μοίρα ορισμένη
από ευτελή ανδράποδα της πολιτικής
αναρριχώμενα σε δέντρα διαπλοκής
ποτισμένα συναλλαγή ερπόντων
ευτελών πολιτών - πελατών
πωλήτριας εξουσίας

32.

Ξέρω
δεν πάλεψες
για ταύτιση με τα σκουπίδια
δεν είχες στόχο τέτοιο
μα στην πορεία αφέθηκες
και σε έκαναν απόρριμμα
χάρτινο καραβάκι παιδικό
σε ρυπαρούς χειμάρρους

Αυτόν τον κόσμο φτιάξαμε;
Γι αυτόν αγωνιστήκαμε;

Πώς θα κοιτάξουμε στα μάτια τα παιδιά;

33.

Δεν βλέπω το τέλος του κόσμου
παρά το τέλος των "αξιών"
που τον διαφεντεύουν

Τύψεις που δεν αντέδρασες
όσο και όταν το καλούσαν
οι μέρες, οι ώρες, οι στιγμές

Η μη αντίδραση βαριά συνενοχή
άσε το «πού μας φτάσανε»,
«πού και πώς φτάσαμε»
να αναρωτιέσαι

Και τώρα
τάχα ώριμος
λες, λέω πάλι και ξανά
πως δεν μετέχω, δεν μετέχεις
άρα δεν φέρουμε κανένα ίχνος ενοχής

Μα τότε, πώς κατάντησε
ζητιάνα η πατρίδα

34.

Έφυγαν τα χρόνια, πέρασαν, περνούν
λιγοστεύουν οι διεκδικήσεις
όχι από ανημποριά και ηττοπάθεια
αλλά από γνώση

Πολλά, τα περισσότερα
δεν άξιζαν το χρόνο
τη σκέψη, το συναίσθημα
και τη μοναδική ζωή μας

Ζωή λιτή κι ανάλαφρη
λάθη και ενοχές στη λήθη
όσο πιο λίγα έχουμε ανάγκη
τόσο πιο λίγα αναζητούμε
εκτός από αξιοπρέπεια
ελευθερία και αγάπη

35.

Σταδιακά μέσα από τη γνώση
κερδίζεται η απεξάρτηση
από πράγματα
και κυρίως ανθρώπους

πόση δύναμη κι αγώνα
θέλουν τα βήματα προς την αυτογνωσία
τίμημα άγριας επιλεγμένης μοναξιάς

και ως αγώνας όμορφο
σαν ταπεινότητα ωραίο
να έχεις ανάγκη τα χρειώδη
που αφανίζουν τις ελλείψεις

36.

Πότε θα γυρίσεις την πλάτη
στις ψεύτικες ανάγκες

πότε θα πάψει η αφέλειά σου
να παράγει τον πλούτο άλλων

πότε η περήφανη διαφυγή
από την υποθήκευση ολόκληρης ζωής
σε έγχρωμες κάρτες

Πόσος αγώνας χρειάζεται
να βρεις κρυμμένη στα ελάχιστα
την ευτυχία;

37.

Ξέρω
στης μόνωσης το δρόμο
τώρα δεν είμαι χρήσιμος
δεν ανταλλάσσω προϊόντα
μα νιώθω ευρύχωρα
στον κόσμο που έχτισαν
τα λόγια των σοφών
με οξυγόνο σε διόδους διαφυγής
σαν άσπρες λωρίδες
στη μαύρη άσφαλτο
κείνες που ορίζουν
διαβάσεις και περάσματα

επιτέλους
για τον εαυτό μου αναγκαίος
έτσι και για τους άλλους
ίσως χρήσιμος

38.

Ήλιος ασημένιος σαν τον ορίζοντα
μετά, απόλυτο σκοτάδι
σαν την παραπαίουσα βούληση
που θα ελευθέρωνε την ψυχή μου

και γύρω κόσμος θλιβερός
σκιές φόβου, απειλής
χαμένα όνειρα, χωρίς προοπτικές

Έτσι και τότε, πώς να ασχοληθείς
με τόσες εν κενώ ζωές

39.

Με ρωτάς τι πολιτικό
κάνει η διανόηση

Εδώ που φτάσαμε
η εγρήγορση της σκέψης
ύψιστη πολιτική πράξη
αφού ως με ενημέρωσαν τον αφελή
συστήματα, κρατούντες, συναφή
τρέμουνε τους σκεπτόμενους
παρά τους οπλισμένους

Μοναχικό εργαστήρι ιδεών είμαι
φτιάχνω τις νύχτες θώρακες για αδύναμους
και τις μέρες για κείνους που ασφυκτιούν
κάνω τα υποβρύχια πανάλαφρες πιρόγες

40.

Στις αδιέξοδες στιγμές του πανικού
μοναδικό γαλήνιο όνειρο
ότι είναι ψεύτικος
ο παράλογος κόσμος
που οικοδομήσαμε
αδιάφοροι μα όχι αδιάφθοροι
εσώκλειστοι, αξιολύπητοι
και άκρως μόνοι

Έγινε τόσο κόκκινη η ελπίδα
που χάθηκε στο αίμα των αθώων

41.

Χρειάστηκαν δεκαετίες για να μάθω
ότι στα απόβλητα της ιστορίας
λάμπουν τα ομορφότερα διαμάντια

Για να τα συναντήσω
ασφάλισα το σούρουπο καλά
πριν μπω στη σήραγγα της σιωπής

Μην κάνεις έτσι
δεν ήταν δα και τίποτα σημαντικό

λόγια μικρής αλήθειας
βολή κατάκαρδα
στην ευτέλεια
ενός τεράστιου μηδενός
προσπάθεια αγάπης
για έξοδο στο φως

έτσι που πρέπει στους ανθρώπους

42.

Και σε παρακαλώ να μην ξεχνάς
πως

δεν υπάρχει πιο μεγάλη ενοχή
από την ανοχή μας

είναι πόλεμος μόνο με ηττημένους
οι σκοτωμένοι παίρνουν εκδίκηση
ως κι από τα όνειρά μας

αυτή η τεράστια ζωογόνα ανατροπή
που μοιάζει σκοτεινή
έχει στα σπλάχνα της πολύ
και σπάνιο κρυμμένο φως

αυτό το κύμα της οργής
μπορεί να πάρει ανατροπής μορφή
ανάτασης, δημιουργίας

43.

Μην ξεχνάς σου λέω μην
και είναι άγια η προτροπή
αφού

έτσι προστάζουν οι Ποιητές
οι ανάγκες, η δίψα, οι ελπίδες
όσοι απέμειναν άνθρωποι
τα αγέννητα, τα τωρινά παιδιά
έτσι προστάζουν

Να ήξερες με πόσο
λίγη αγάπη
θα άλλαζε ο κόσμος...